Profecias e profetadas

Em nossos dias, há uma procura muito grande por sinais e prodígios, principalmente de revelações e profecias, em algumas congregações. No entanto, ao passo que crentes buscam "revelações", estes não se alimentam da Palavra de Deus, fonte de sabedoria e instrução para a vida em todos os instantes. Daí vemos o porque da superficialidade da vida de alguns, falta de conhecimento bíblico, apostasia e heresias. Até porque, observando a história da origem das seitas heréticas, estas, na maioria das vezes, iniciaram seus ensinos abomináveis após alguma profecia de um líder carismático, revelação e mesmo supostas visões de anjos e outros seres (demônios). Assim, foi com Maomé e o inicio do islamismo (segundo Maomé, este teria tido visões do anjo Gabriel, sendo que o anjo lhe entregara , revelara o Alcorão de Alá. Para o islã, Alá é Deus, um juiz severo e não amoroso), com Joseph Smith [(Foi criado na ignorância, pobreza e superstição. Ainda moço, decepcionou-se com as igrejas que conhecera. Foi nesse tempo que diz ter recebido a sua primeira visão, segundo a qual apareceram- lhe o Pai e o Filho, denunciando a falsidade de todas as igrejas, com as seguintes palavras: "Eles se chegam a mim com os seus lábios, mas seus corações estão longe de mim; eles ensinam mandamentos dos homens como doutrina, tendo aparência de santidade, mas negando o meu poder" (O Testemunho do Profeta Joseph Smith, p. 4).apareceu-lhe o "anjo" Moroni, que, segundo fez crer, havia vivido naquela mesma região há uns 1400 anos. Mórmon, o pai de Moroni, um profeta, havia gravado a história do seu povo em placas de ouro. Quando estavam a ponto de serem exterminados por seus inimigos, Moroni teria enterrado essas placas ao pé de um monte próximo do local onde hoje é Palmyra. Nessa visão, Moroni teria indicado a Joseph Smith o lugar onde as placas foram escondidas, e emprestou-lhe umas pedras especiais, um certo tipo de lentes, chamadas "Urim" e "Tumim", com as quais Joseph Smith poderia decifrar e traduzir os dizeres dessas placas. Depois de conseguir as placas de ouro e as lentes, Smith, sentado por trás de uma cortina, teria ditado a um amigo a tradução do que estava escrito nas placas. Depois devolveu as placas e as lentes a Moroni. Uma vez traduzida, a obra foi publicada pela primeira vez em 1829, recebendo o título de O Livro de Mórmon.] Além destes dois testemunhos, existem outros hereges que começaram suas doutrinas como "tendo revelações ou profecias", (como os Testemunhas de Jeová, os Adventistas, que vivem calculando certas datas para a volta de Jesus e o fim do mundo) levando incautos junto com eles, pessoas humildes, no entanto, totalmente desprovidas de conhecimento bíblico. Isso ocorre porque pessoas, que se dizem cristãs professas, ao invés de buscarem na palavra de Deus e na oração a solução, através de Deus, para sua vida e seus diferentes dilemas, ou mesmo buscarem conselho pastoral, buscam pessoas que se autointitulam "profetas , profetizas, vasos," ou melhor, buscam destas "palavras vindas de Deus", como se a Bíblia não possua poder para acharmos vida em Deus. Mas, o que é profecia?

"Profecia é a capacidade momentânea e especial para transmitir mensagem, advertência, exortação, ou revelação da parte de Deus sob o impulso do Espírito Santo" servindo para consolar, exortar e edificar a igreja e seus membros (Lc 12.12; At2.17,18; 1 Co 12.10, 13.9; 14.1-32; Ef 4.11; 1 Ts 5.20,21; 2 Pe 1.20,21; 1 Jo 4.1-3) (BEP, 2005). "A profecia pode envolver a previsão de eventos futuros, mas seu principal propósito é comunicara mensagem de Deus às pessoas, fornecendo esclarecimento, advertência, correção e encorajamento" (BAP). Ap 1.3 - A BAP em sua nota diz que "profetizar é mais que prever o futuro. Por trás das previsões estão importantes princípios sobre o caráter e as promessas de

Deus. A medida que o lemos (Apocalipse), conhecemos melhor à Deus e poderemos confiar nEle mais completamente.

Na verdade, a profecia visa prover consolo, exortação, edificação, e principalmente nos ensinar a voltar-nos à Deus, a exaltarmos à Jesus, e não ao anunciador da profecia. (1 Co 12.17). Não é um dom para auto-promoção do profeta, mas para servir a Igreja e seus membros. Haviam profetas na Igreja Primitiva (At 13.1,2; 11.27,28), que eram usados pelo Espírito Santo. Portanto, eram homens santos, separados, bem como tinham a vida dedicada a Deus e testemunho de transformação.

Porém, devemos analisar as profecias e seus "mensageiros". Estas visam exaltar ao Senhor Jesus e edificar seu corpo, sua Igreja, ou apenas servem para estimular o ego ou o mensageiro? Devemos nos precaver, analisar se "há frutos" evidentes na vida do tal, pois uma mensagem divina virá de pessoas separadas, pessoas que não vivem segundo a vontade própria, realizando desejos carnais, pecando mais e mais, mas que vivem pela vontade do Espírito Santo (Rm 6.1,2;12-16; 8.5-9;1 Pe 1.13-17). Devemos, portanto, discernir os espíritos, ou seja, analisar mensagens supostamente "ditas" da parte de Deus por supostos profetas (1 Jo 4.1-3).

Em 1 Jo 4.1 , "João usa a expressão grega pneumati, "espírito", para revelar que todo ser humano é dirigido não apenas por sua parte física e material (ossos, carne e sangue), mas pela vida espiritual que reina em cada pessoa. Os nascidos do Espírito de Cristo (v3), são movidos por Deus e por Sua Palavra (3.24), como seus filhos, os que permanecem mortos em seus pecados tem sua pessoa (espírito) dominada pelo espírito do maligno. Algumas vezes inclusive sofrendo em seus próprios corpos com a invasão de demônios (2.18-22). O homem e a mulher de Deus (profeta ou mestre) ensinam impelidos pelo Espírito Santo

(2 Pe 1.21). Falsos teólogos, falsos pregadores e "profeteiros", assim como os gnósticos primitivos da época do apóstolo, falam sob a influência de espíritos afastados de Deus (Mt 7.15; 24.11; 1 Tm 4.1; 2 Pe 2.1)".

Ouvindo a pregação "O que é avivamento", do Pr Jeahn Porto (PR), este disse algo sobre "profecias" e seus perigos, quando colocadas acima da Palavra de Deus. eis o trecho:"precisamos tomar cuidado, pois nem todo crente que profetiza é avivado por Deus...precisamos de discernimento do Espírito Santo. Creio no poder de Deus e nos dons concedidos a igreja. Creio em profecia, aliás, sou fruto de uma profecia, mas a maior profecia é a Palavra de Deus, a Bíblia. Um companheiro de ministério me relatou que estava pregando em uma igreja, atendendo a convite...Pr Pimentel antigamente nos ensinava que, quando o pregador está pregando, Deus está falando, pois a Palavra é a maior profecia...no entanto, quando o companheiro estava pregando, uma irmã, do círculo de oração se levantou e disse: assim diz o senhor! O pregador se sentiu constrangido, mas prosseguiu...daqui a pouco, de novo a irmã se levanta e diz: assim diz o senhor...o pregador se irritou, mas como era apenas um convidado, continuou a pregar...quando ele ia concluindo a mensagem, a irmã se levanta pela terceira vez e diz: assim diz o senhor...porém, desta vez, o pregador buscou de deus, em oração, uma resposta, e o Espírito Santo o falou: filho, repreende, porque é demônio na vida desta mulher...o pregador repreendeu, e a mulher caiu, como cobra se rastejava no chão, porém, o demônio não queria a deixar....o pregador, debaixo da autoridade de Jesus, perguntou o porquê da insistência do demônio, ao que este bradou: eu não saio!Porque para mim sair, eu tenho que levar outros que estão escondidos aqui." Existiam pessoas naquela congregação que vivam de acordo com as palavras, profecias daquela mulher...endemoninhada...naquele dia houve libertação naquele lugar, pois a Palavra de Deus trouxe a verdade, e Jesus manifestou seu poder. O Pr Jeahn completa dizendo : " A pessoa mais corajosa do planeta Terra é aquela que diz assim diz o Senhor, quando deus não mandou dizer nada ". Devemos ter cuidado com profecias, papagaiadas. Devemos ficar com a Palavra de Deus, permanecer em santidade, debaixo da orientação do Espírito Santo. Avivamento são certos desejos dominantes que devem estar em nossos corações, nos levando todos os dias a fazer a vontade de Deus em todos os sentidos [encerra a fala do Pr Jeahn]. Isso me faz lembrar a pitoniza de Filipos (At 16.16-19) que anunciava que Paulo, Lucas e toda a comitiva de crentes eram "servos do Deus Altíssimo", no entanto, era demônio a usando. Cuidado crente!!!nem tudo que parece de Deus, é de Deus. Peça ao Espírito Santo discernimento para saber o que é de Deus e o que não é.

Outro caso que seria evitado se o povo vivesse, entendesse e tivesse crédito mais na Palavra de Deus no que da de homens falhos. Jim Jones era um pregador carismático. Arrebanhou dezenas de pessoas para uma ilha na América Central, fazendo-as abandonar suas famílias, serviços e transferir seus bens para ele. E assim os seus cegos seguidores fizeram. Quando o governo dos EUA invadiu a ilha para resgatar as pessoas, ele as convenceu que deveriam tomar um líquido (na verdade, um veneno mortal), sendo que prometeu que aqueles que dele bebessem, iriam encontrar Jesus numa espaçonave nos ares. Eles confiaram no homem e não na Palavra de Deus. Morreram enganados, por não conhecerem as Escrituras, mas confiar nas palavras de um líder. O povo de Deus vive uma era de falta de conhecimento dEle (Os 4.6). Desse modo, sem Palavra, não há como vencer as batalhas contra satanás e seus demônios (Ef 6).

Desse modo, precisamos examinar tudo, pois o inimigo é opositor da obra, e quer tirar o olhar do cristão quanto à necessidade de buscar ao Senhor Jesus, obedecer a Palavra com amor, sem legalismos ou sectarismos, bem como viver sob a ação e orientação do Espírito de Deus (1 Ts 5.20,21). Quando buscamos "profetadas" , estamos deixando de lado a Palavra de Deus, confiando em homens e mulheres, e não no Senhor Jesus Cristo e em Sua vontade revelada na Palavra. Devemos estar vigilantes (2 Co 11.3,4) pois o diabo se traveste de anjo (mensageiro) de luz, e seu objetivo é "colocar impurezas, misticismos na igreja, tirando o desejo de buscar a Deus e a Sua Vontade estabelecidas por Sua Eterna Palavra, fazendo o cristão buscar seus vãos desejos através de falsas profecias (2 Co 11.14), já que os "mensageiros do cão" estão muitas vezes travestidos de "verdadeiros mensageiros".

A BAP diz na nota de 2 Co11.14,15 (2) que "não seja enganado pelas aparências exteriores. As seguintes questões podem ser úteis:

1) os ensinamentos de tais pessoas ou líderes confirmam as escrituras? (At 17.11);

2) o ensinador afirma e proclama que Jesus Cristo é Deus, que veio ao mundo como um homem, em carne e sangue, para salvar as pessoas de seus pecados (1 Jo 4.1-5)?

3)o estilo de vida do ensinador é consistente com a moralidade bíblica (Mt 12.33-37)?

Deste modo, há base bíblica para analisarmos certas profecias difundidas em igrejas, rádio, tv e internet, e mesmo nas casas. precisamos estar "firmes" com o Senhor Jesus, arraigados em Sua Palavra, conhecendo-a e vivendo-a.

No AT, aprendemos que o Senhor permite que falsos profetas falem; isso prova nossa fidelidade ao Senhor já que quando estamos voltados à palavra, rejeitamos todo falso ensino ou modismo. A melhor profecia e maior , soberana, inerrante e infalível, imutável, é a Palavra do Senhor, a Bíblia. (Mt 24.35)

Existiram falsos profetas, adivinhadores e existirão até o fim, sendo movidos por satanás e seus demônios, afim de enganarem até mesmo os escolhidos de Deus (Mt 24.22-27). Portanto, é dever do cristão verdadeiro alertar o povo de deus e batalhar cada vez mais pela fé que uma vez foi dada aos santos eleitos de Deus (Jd 3 b).

Mas o mais triste e cruel é quando os agentes de satanás ocupam cadeiras e posições de liderança dentro das igrejas que não possuem discernimento quanto ao que é de Deus do que é maligno. (AP 2.9, 14, 15, 20-23). Falsos ensinos baseados em revelações extra-bíblicas são ensinados deste modo, levando o povo a errar, a viver imoralmente, e por fim, a se perderem eternamente (1 Co 6.9,10; Ap 22.15). Que possamos estar a cada dia na presença do Senhor Jesus Cristo, pedindo a Ele forças, sabedoria, discernimento para vencermos até o arrebatamento, retendo e vivendo a sã doutrina da Palavra até o fim, derrubando toda vã filosofia que se levanta tentando mistificar o Evangelho do Senhor Jesus (Cl 2.18,19).

Jezabel, exemplo de falsa profetiza - Ap 2.20 Nos relata sobre a doutrina de Jezabel, que subvertia a fidelidade a Deus, manipulando pessoas mediante a permissividade, moral e a incorporação de práticas pagãs. A idolatria e o materialismo eram as mais expressivas, tentações em Tiatira, um importante centro comercial da Ásia. Jezabel ensinava a imoralidade sexual, a corrupção dos padrões santos do cristianismo. Ensinava a realização do prazer pelos métodos depraváveis, segundo os desejos e paixões carnais, desobedecendo a Palavra. Era mais preocupada com o seu prazer e sua liberdade egoísta do que com necessidades e preocupações de seus companheiros crentes. Ela não queria se arrepender, não queria mudar as suas atitudes, seu conceito e modo de vida e ensino. Era apóstata. Deste modo são aqueles que reivindicam falar com autoridade divina, no entanto, não testemunham frutos de arrependimento e santidade de vida e coração.

Jezabel se dizia profetiza, se proclamava "serva de Deus, profetiza." Não ensinava nem tão pouco vivia a Palavra de Deus, mas era cheia de pensamentos malignos, inspirados no diabo e no pecado, e, sendo assim, arrastava adeptos para a perdição. Segundo o conceituado Pr e teólogo da Igreja Batista, Pr Jorge Linhares, em seu sermão, " A Doutrina de Jezabel ", " a igreja não pode ser dirigida por profecia, ela tem que ser dirigida pela Palavra de Deus. Jezabel diz: o Senhor está me dizendo, revelando algo...Mas ela a si mesmo se declarou profetiza. Não podemos aceitar isso. Uma pessoa não pode se declarar profeta. A igreja tem de reconhecer seu ministério profético. Abaixo de Jesus, é a Igreja que tem o poder de dar autoridade, de ligar no céu e desligar na Terra. Seguir a autoridade da Palavra e da Igreja nos livra do risco de acolhermos falsos profetas que nos exporiam a graves perigos. (Jr 23.16-31). Dar ouvidos a falsos profetas traz destruição à Igreja. Quantas igrejas sofreram divisões, enfrentaram crises por causa de falsas profecias e falsos profetas? (2 Pe 2.1). A Igreja não pode ser dirigida com base em profecias humanas, mas sim na Palavra de Deus, que é a vontade revelada do Senhor (1 Jo 4.1)". Essa foi a colocação deste servo do senhor sobre a doutrina de Jezabel.

De próprio punho digo que muitos que se proclamam profetas/profetizas não o são, mas algumas vezes são dominados pela vil ambição de se tornar líder, de subjugar pessoas incautas. Estes profetas, quando confrontados com a Palavra de deus, com um estudo sistemático das verdades bíblicas, acusam seus expoentes de mornos, frios, sem unção, e até descrentes.

Em 1 Tm 4.1-5, Paulo exorta a Timóteo a combater estes através da exposição das doutrinas da Palavra de Deus. De fato, hoje vemos pessoas voltadas para os sinais, seguindo estes, deixando de lado a Palavra de deus. Um pregador da Palavra não é mais respeitado como mensageiro do Evangelho quando traz um estudo para a Igreja, expondo verdades, fazendo apologética contra heresias e costumes mundanos, porém, quando chega "um profeta do fogo" este é honrado como um deus, um ídolo.

Na BEP (nota Ap 2.20), " um pecado prevalecente na igreja de tiatira era a tendência de tolerar o pecado , a iniqüidade, o ensino antibiblico entre seus líderes (vv14,20). O nome Jezabel é alusão à perseguição aos santos e idolatria, promovidos pela rainha do mesmo nome no AT (1 Rs 16.21; 19.1-3; 21.1-15). Alguns em Tiatira aceitavam os falsos ensinos e seus "pseudoprofetas", pelo fato de falarem em nome de Deus e terem grande popularidade e influência. Cristo condena o pecado da transigência com o erro. Devemos rejeitar qualquer preletor ou profeteiro que coloca suas palavras acima da revelação bíblica (1 Co 14.29) e declara que Deus aceita, na Igreja, a quem comete atos imorais, participando dos prazeres pecaminosos do mundo. Alguns, na igreja, costumam tolerar tais falsos ensinos, por indiferença, medo de confronto, amizade pessoal ou pelo desejo de paz, harmonia, autopromoção ou dinheiro.

Deus excluirá tal igreja, juntamente com seus líderes (vv 20-23, Lc 17.3,4). Deste modo, para aceitar revelação, profecia e ensino de qualquer pessoa, devemos conhecer se vivem o que pregam, bem como amaldiçoarmos tudo o que é contra o verdadeiro ensino bíblico.

Profecias e revelações demoníacas tem iludido igrejas, dividindo-as, corrompido a ortodoxia dos cultos, mistificado a pureza do Evangelho, levado incautos à viver de acordo com verdadeiras ditaduras profeteiras.

Pessoas , multidões estão deixando de serem guiados pelo Senhor Jesus e sua Palavra, e hoje depositam sua fé em ensinos heréticos...o fim, é a apostasia, negando Jesus e a autoridade bíblica. Só para lembra-vos novamente: mormonismo, islamismo, Creciendo en Gracia, adventismo, LBV, Igreja da Unificação, todas estas e outras seitas começaram por pessoas ditas religiosas, carismáticas, pregadoras (es) que falavam utilizando a Palavra de Deus, se julgavam profetas, enviados de Deus, ungidos. E eis que hoje, bilhões de pessoas são conduzidas por esses ensinos para o inferno, e tudo começou quando, deixando a Palavra de Deus de lado, e cheios de ambição, começaram a profetizar, a ter revelação...voltemos a Palavra, ao Evangelho da Salvação (Hb 1.1,2; 2 Pe 1.15-21; 2.1-22).

Que a espada do Espírito, que é a Palavra de Deus, confronte toda e qualquer profecia / revelação/ensino, e ponha por terra, em nome de Jesus, as heresias e falsos profetas. (Ap 1.16; Hb 4.12; Ef 6.17b). Que a Palavra de Deus nos oriente a cada dia, sob a unção do Espírito Santo, nos dando discernimento em tudo o que ouvirmos. Jesus se oporá ao pecado, pois Ele é Santo. Se oporá às mentiras, pois é a Verdade.

O verdadeiro profeta traz mensagens de Deus, de santificação, de juízo para o pecado (EZ 44.23). O profeta não profetiza riquezas materiais, realizações apenas materiais, mas sim traz a luz verdades espirituais que venham a servir de consolação, exortação e edificação á toda a igreja.

Como reconhecer um profeta? (Dt 18.20-22)

BA (ICP) "algumas vezes, durante o período do AT (e em dias atuais) surgiram verdadeiros e falsos profetas. Há três provas para julgar a veracidade dos profetas.

1. baseada nas respectivas mensagens: se a profecia de um profeta não se cumpriu ele é falso (v 22);

2. No seu caráter: sendo puro ele é verdadeiro, ainda que sua profecia esteja distante, no futuro (Mt 7.15-19);

3. Se a profecia se cumprir, mas o profeta conduzir a outros deuses, ele é falso (Dt 13.2). Portanto, podemos resumir as características dos falsos profetas. Ele profetizou alguma coisa que não se cumpriu? 100 % de suas profecias tornaram verdadeiras? (1Sm 3.19). Pratica a mediunidade? (Dt 18.11); faz uso de adivinhação? (Dt 18.11); se envolve com médiuns ou feiticeiros? (Dt 18.10); segue

falsos ídolos ou deuses? (Ex 20.3,4; Dt 13.1-3;); nega a Deidade absoluta de Jesus Cristo? (Cl 2.8-9); nega a humanidade de Jesus? (1 Jo 4.1,2). Defende a abstinência de certos alimentos ou comidas alegando razões espirituais? (1 Tm 4.3,4). Ele promove a imoraridade ou sexo sagrado? (Jd 7). Ele incentiva o legalismo, que inclui a guarda do sábado como modo de salvação? (Cl 2.19-23). "

Uma resposta positiva a alguns desses argumentos, é indicação de que este profeta não é porta-voz de Deus e Deus está provando seu povo (Dt 13.3). Vigiemos Gl 1.8,9.

Em Jr 28, vemos como existe diferença entre a verdadeira profecia, de acordo com a Palavra de Deus, e a falsa de acordo com o coração do homem. Hananias profetizava paz, mas Jeremias e os seus antecessores predisseram guerra, exílio. Jeremias desejava paz, mas como profeta de Deus, predicava a vontade dEle, do Senhor, não a sua. O resultado da apostasia e engodo de Hananias custaram sua vida. O castigo da apostasia e falsa profecia é pesado. Para de fato, haver bênção, não vale-se de profecia, mas de um viver santo e agradável ao Senhor Deus.

Por falar a verdade Jeremias era impopular, poucos o ouviam. Hananias falava mentiras, mas produzia falsas esperanças e conforto para o povo. Deus já havia dado as características do verdadeiro profeta (Dt 13, 18.20-22). As predições de um verdadeiro profeta sempre se cumprem e suas palavras nunca contradizem uma revelação anterior. Jeremias profetizava e acontecia. Hananias morreu naquele mesmo ano e Babilônia invadiu e assolou Jerusalém. Mas o povo preferia ouvir mentiras confortantes ao invés de verdades dolorosas.

Acabe é outro exemplo - existiam "profeteiros" a seu favor, que profetizavam o que ele queria ouvir (2 Cr 18.4,5), mas Josafá entendeu que não eram profetas do Senhor (v 6). Acabe detestava a verdade, proferia a mentira, odiava o profeta verdadeiro de Deus, Micaías (v. 7,8). Enquanto os profeteiros profetizavam de acordo com o desejo do ímpio Acabe, influenciando o mesmo em sua vida, levando-o a morte. Micaías profetizou a verdade, e esta aconteceu (2 Cr 18.10-12). Micaías falava o que Deus mandava (v. 12 -

16). O espírito de mentira era constante na vida desses profetas. Eles diziam ao rei apenas o que ele desejava ouvir, e não o que precisava saber. Os líderes enfrentarão problemas quando se cercarem de conselheiros cujo único intuito é lhes serem agradáveis.

Como apologista da Palavra, vejo a necessidade de admoestar o povo de Deus sobre voltar-se á Palavra de Deus em sua essência, e deixar em 2 º lugar sinais que Deus envia-nos apenas para nos ajudar na obra. Não devemos basear nossas vidas em sinais e manifestações destes. Devemos praticar a Palavra (Jo3.21), nos santificar através dela (Jo 17.14,14; Sl 119; Lc 8.21; Hb 4.12). O mensageiro/profeta deve cuidar de si mesmo (1 Co 9.27; Gl 6.7,8; 2 Co 5.10) , pois de nada adianta , pregar, profetizar para outros se nossa própria vida não condiz com a Palavra.

Sendo assim, concluo que ai daquele que adulterar, acrescentando ou subtraindo algo da Palavra de Deus (Ap 22.18,19). É melhor se calar, do que lançar mentiras, falsas esperanças a pessoas, enganando a si mesmo e a outros, mas acrescentando juízos a si e aqueles que lhe ouvem.